DECLARATION

DV ROY LOVIS XIII.

Portant confirmation des Ordonnances, Statuts, Reglements, Priuileges, franchises, libertez, donnez, concedez & octroyez par les predecesseurs Roys à tous les Marchans Merciers, Grossiers, Ioualliers de ceste ville de Paris. Du mois de Ianuier 1613. Verifiez en Parlement le 7. Mars ensuiuant.

Contenant le nombre de toutes les sortes & especes de marchandises, danrees & estoffes qu'il est permis à vn chacun desdicts Marchans Merciers Grossiers Ioualliers de vendre & debiter, tant en gros qu'en destail, trocquer & eschanger, tant en ceste ville de Paris que par toutes les villes de ce Royaume & pays estrangers.

Seruant aussi de reglement pour les Marchands forains & estrangers qui frequente les foires de S. Denis, Landy & sainct Germain.

A PARIS,

Chez Pierre Charpentier, contre l'orloge du Palais, deuant la belle Image.

M. DC. XXIIII.

OVYS par la grace de Dieu Roy de France & de Nauarre. A tous presens & aduenir, Salut. Les Maistres & Gardes de la Marchãdise de Mercerie, Grosserie, Ioüaillerie de nostre bonne ville de Paris nous ont faict remonstrer, que comme nostredicte ville est la Capitale de nostre Royaume, en laquelle pour nostre frequente residence, & de la grande affluance des Princes, Seigneurs, Ambassadeurs, & autres personnes de toutes qualitez, il se faict grand debit & consommation de Marchandises. Aussi est-il necessaire que le corps de ladicte Marchandise soit bien reiglé & policé. Et pour euiter aux fraudes & abu s qui pourroient arriuer en debitant Marchandises deffectueuses & non loyales, qu'elles soyent bien & deuëment visitées. En consideration dequoy les Roys nos predecesseurs, ont faict & donné plusieurs Statuts, Priuileges, Ordonnances, pour reiglement & police de leur corps, & desdites Marchandises, manufactures, apports, ventes, reuentes, & conditiõs d'icelles, experience, qualité & reception des personnes faisans traffic. Establissement des Maistres & Gardes, visitations des Marchandises, poids, mesures, & generalement pour toute la police necessaire afin d'obuier ausdits abus & maluersations. Mesmement le Roy Charles sixiesme, dés l'an mil quatre cens sept & l'an mil quatre cens douze, commanda & ordonna plusieurs statuts sur le fait desdites Marchandises & visitations, lesquels ont esté depuis confirmez & augmentez par trois lettres patentes du Roy Henry second, és annees 1548. 57. & 58. & encores depuis par deux lettres patentes en forme de declaration, confirmation &augmentation du Roy

Charles 9. données és annees mil cinq cens soixante
& sept , & 70. & par le Roy Henry le Grand d'heu-
reuse memoire, nostre tres-honoré Seigneur & Pere
que Dieu absolue, par ses lettres patentes du mois de
Iuillet , 1601. par toutes lesquelles , combien que
pour l'vtilité publique, & afin que lesdits Marchans
allans en vn pays, n'y trouuans pas bien souuent des
especes de marchandises qu'ils y veulent & desirent
achepter, ils en peussent librement auoir d'autres, &
de tant de sortes qu'ils auiseroient pour bien tost en
auoir depesche, & y faire gain raisonnable, il leur ayt
esté permis de faire achapts en tous lieux & vente,
en tous temps , tant en gros qu'en détail , indiffe-
remment *de toutes sortes de marchandises, de visiter par
lesdits Maistres & Gardes, sur toutes personnes, soient bourgeois, forains, ou estrangers, lesdictes marchandises achep-
tées ou amenees en ceste ville, Preuosté, & Vicomté de Paris,
pour y estre vendües, & icelle visitation interdicte & des-
fendue à tous les maistres & Iurez des autres estats &
Mestiers.* Ce neantmoins lesdits Maistres , Gardes &
marchands de leurs corps n'ont delaissé , & ne delais-
sent encores iournellement d'estre molestez, vexez
& trauaillez en proces , tant par les Iurez desdits autres estats & mestiers , que par autres faisans traffic q
desdites marchandises , se disans priuilegiez suiuans
nostre Cour: les vns pour entreprendre ladite visitation, nonobstant ladicte interdiction, les autres pour
empescher qu'elle ne se face sur leurs marchandises,
afin d'en pouuoir librement vendre bonnes & mau-
uaiss , au preiudice du public, autres pour empescher totalement ausdits marchands Merciers, Grossiers & Iouaillers , la vente d'aucunes marchandises
& de quelques autres, sinon en gros, & par certaines
formes d'estalages , & les achapts des autres, sinon

hors certaine diſtance de ceſte ville de Paris pour à
quoy obuier, remettre le traffic en ſon premier luſtre
reformer les abus qui ſe ſont gliſez en la manufactu-
re & debit des marchandiſes, ils nous ont tres-hum-
blement ſupplié leur vouloir continuer & confirmer
leſdits ſtatuts & ordonnances, reglemens, priuileges
& poſſeſſions anciennes, & pouruoir tant au retran-
chement des procez & differés qui pourroient eſtre
meuz & intentez cont'reux, pour raiſon deſdits
droicts & priuileges, que reformation des abus &
maluerſations qui ſe commettent iournellement en
la marchandiſe.

I

Pour ce eſt-il que nous deſirant l'augmentation
& accroiſſement de noſtre bonne ville de Paris, que
les eſtats & marchandiſes ſoient bien reglez & oſter
tout ſubiet de plaider pour raiſon deſdites marchandiſes, achapts, trocqs, eſchanges, apports, viſitations
eſtallage, vente & debits d'icelles, oſté & retranché.

II.

Auons de noſtre certaine ſcience, pleine puiſſance
& authorité Royalle, continué & confirmé, conti-
nuons & confirmons auſdits maiſtres & Gardes, ſup-
plians leſdits priuileges, ſtatuts, ordonnances & reglemens portez par leſdites lettres patentes, & articles accordez & donnez par noſdits predeceſſeurs
eſdites annees 1407. 412. 548. 57. 58. 67. 70. & 601.
cy attaché ſoubs noſtre contre-ſcel.

III.

Conformément auſquels & à pluſieurs arreſts ſen-
tences & reglemens, ſur le faict de ladite marchandiſe, en conſequence d'iceux, & pour l'vtillité publique, nous voulons & ordonnons que par la dire-
ction dudict corps de marchandiſe, & faict obſeruer

nos ordonnances, soient appellez & esleus aux charges de grand Garde & autres gardes des plus experi-
mentez bien fameux & notables marchands , sans
qu'ils puissent estre deschargez , s'ils ne sont septua-
genaires, ou qu'il y ayt quelque autre excuse legitime,
qui puisse donner lieu à ladite descharge.

IIII.

A l'Eslection desquels seront appellez des plus
anciens & notables Marchands, iusqu'au nombre de
60. au moins lesquels seront tenus s'y trouuer à peine chacun de 60. sols d'amende , appliquables aux
pauures du corps desdits Marchans Merciers, pour
en la presence du substitut de nostre Procureur general , en la Preuosté & Vicomté de Paris , estre faict
eslection par chacun an, d'vn grand Garde , & de
deux autre Gardes , au lieu de deux des anciens du
nombre de six lesquels sortiront de charge, de ma-
niere qu'il y ait tousiours vn grand Garde qui sera-
annuel, & six gardes qui seront triennaulx selon qu'il
s'est obserué par le passé , sans que pendant le tempts
de leur exercice, ils se puissent absenter plus de six
sepmaines, & estre deschargez sinon qu'il y eust cau-
se & excuse telle qu'aparamment, ils ne peussent continuer leurs charges.

V.

Ausquels Maistres & gardes, nous deffendons de
bailler lettres de maistrises dudict estat, & ne voulons
qu'aucun y soit receu, ny admis qu'il ne soit né Fran-
çois, n'ait esté apprentif par trois ans continuels , &
demeuré actuellement en la maison de l'vn des maistres, seruy apres lesdits trois ans d'aprentissage, trois
autres annees les Maistres, & qu'il n'ayt esté trouué
capable par lesdits maistres & gardes, payez les droits
accoustumez & que ce ne soit aux charges de faire &
prester le serment pardeuant nostre Preuost de Paris

ou son Lieutenant Ciuil, ou substitut de nostre Procureur general de tenir boutique ouuerte & de mettre vn tappis vert sur ruë, & outre de payer & acquit-
ter tous les ans les droicts anciens & accoustumez.

VI.

S'il se trouue aucuns entreprenan, l'exercice dudit
estat, sans auoir payé lesdits droicts anciens & ordinaires, seront contraints à s'en desister par saisie de
leurs marchandises, closture de leurs boutiques, &
par mulcté d'amende des vingt liures parisis ou autres plus grande.   VII.

Ne pourront les maistres dudit estat, tenir aucun
apprentif qui soit marié, ou estranger pour gaigner
la franchise de maistrise, & s'ils font le contraire : seront tenus de tous les despens, dommages & inte-
rests desdits mariez ou estrangers, & d'amende arbitraire, si n'estoit qu'ils monstrassent par actes suffisans les en auoir aduertis dés le commencement.

VIII.

Ne pourront semblablement lesdits Marchans
merciers, & leur auons defendu & defendons de faire & contracter association auec aucun, s'il n'est mar-
chand & maistre receu audict estat, ny de prester
leurs noms ou marques, pour le faict desdites marchandises, à peine de priuation de ladite maistrise &
d'amende arbitraire.

IX.

Pareillement leur auons deffendu de se seruir des
noms ou marques des estrangers & forains, si ce n'e-
stoit que pour passer les droicts & dangers des enne-
mis, ils y fussent contraints, auquel cas ils seront tenus en aduertir lesdits maistres & gardes en leur Bureau, auparauant l'arriuage desdites marchandises,
à peine d'estre icelles marchádises declarees foraines.

X.

Comme auſſi nous leur deffendons de tenir Hoſtellerie, ou eſtre Courtiers ou Commiſſaires, pour aucuns Marchands eſtrangers ou forains, à peine de priuation d'iceluy eſtat de maiſtriſe, & d'amende arbitraire.

XI.

Seront pareillement priuez dudit eſtat, & maiſtriſe s'ils viennent à iceluy delaiſſer comme ils feroient, s'ils s'adonnoient à autre vacation incompatible auec ledit eſtat.

XII.

Ne pourront iceux marchands Merciers, Groſſiers & Ioüailliers, tenir ſoit dans le Palais, en la ville & Faux-bourgs de Paris, chacun d'eux plus d'vne boutique, ſous quelque pretexte que ce ſoit, ſuppoſé meſmes que leurs femmes fuſſent capables d'en tenir de leur part.

XIII.

Et ne vendront marchandiſes en magaſins, chambres, hoſtelleries & lieu deſtournez ains en leurs boutiques & lieux patents & ouuerts, de leurs maiſons à ce que leſdites marchandiſes puiſſent eſtre veuës & viſitées par leſdits Maiſtres & gardes quand beſoin ſera, ſur peine de trente liures pariſis d'amende.

XIIII.

Leſquels marchands Merciers receuz audit eſtar, tenans boutique ouuerte, pourront & leur auons permis & permettons achepter, trocquer ou eſchanger, tant en noſtre ville Preuoſté & Vicomté de Paris, villes circonuoiſines d'icelle & en tous les autres lieux de noſtre Royaume, & pays loingtains & eſtrangers ainſi que bon leur ſemblera, & trouueront pour le mieux, eſtaller comme ils verront bon eſtre, vendre, debiter, trocquer, & eſchanger en icelle ville Preuoſté & Viconté de Paris, villes de noſtre obeiſſance, & tous autres pays eſtrangers, en gros ou de-

ftail, toutes fortes de marchandifes, d'or d'argent,
Soyes, Serges de Florence, razes & Eftamines de
Milan, Serge de Seigneur, de Layde, de Moüy, de
Chartres, d'Orleans, d'Afcot, & de toutes autres fortes, païs & façons, camelots, burails, moncayarts,
eftamines, fuftaines, doublures, frifes, reuefches,
boucaffins, treillis, bougrands, draps de borde d'Ef-
pagne, Angleterre & autres pays eftrangers, toille de
toutes fortes, ouurées & non ouurees, tant Françoi-
fes qu'eftrangeres, groffes moyennes & fines, chemi-
fes, mouchoirs, collets, & toute autre forte de linge-
rie, chanures, lin, fils, de toutes fortes taincts &
non traints, cordes, cordages, ficelles, fangles, pan-
neaux, & fillets, tant de chaffe que de pefche, caftors
à faire chapeaux, laines filees & non filees, taintes &
non rainte, bonnets, chappeaux, bas de chauffe, tant
de foye, laine que fil, ou autre eftoffe, camizolles, cot-
tons filez & non filez, marroquins, cuirs de Leuant,
chamois, buffes, buffetins, cheurotains, velins, peaux
de mouton parees, cuirs de Megis, generalement
toutes fortes de cuirs, fourrures, pelleteries, gants,
mitaines, & tous ouurages faits des fufdites eftoffes,
vnie tapifferie, coutils, courte poinctes, couuertures
caftelognes, & autres, franges, paffemens, dentelles
laffis, points couppez, rubans, cordons, boutons
d'or, d'argent, de foye, fil, crain, & de toutes autres
eftoffes, & de tous pays & façons, mefme l'or & l'argent, tant fin que faux, filé fur foye ou fur fil, enfem-
ble or ou argent de chippre, foyes efcreuës & non
efcreuës, taintes & non taintes, & pareillement de
toute forte de Ioüaillerie, d'or, d'argent, pierres pre-
cieufes, perles, ioyaux d'or & d'argent, vaiffelle,
d'or, d'argent & d'autres metaux, corails, grenade
agathes, calcidoines, criftal, ambre, amatiftes, &

toutes

toutes sortes de pierres taillées & non tailées, & toute sorte de patenostrerie, droguerie, espicerie, bre-
sil, pastel, cochenilles, grenne d'escarlatte, garance,
& toutes especes de taintures, fer, acier, cuiure, ai-
rain, laton ouurez & non ouurez, neufs ou vieils,
mesme fil de laton, metailles, espees, dagues, & poi-
gnards, lames, gardes & garnitures d'iceux & toutes
autres sortes d'armes pour homme & cheuaux, es-
perons, estriers, mors de cheuaux, fers, cloux, ciseaux, l'ancettes, caniuets, razoirs, cousteaux espin-
gles, esguilles, esguillettes, ceintures, porte-espee,
peignes, esponges, serrures, cadenats, fermetures
d'huis, portes, fenestres, coffres & cabinets, diuan-
derie & quinquaillerie, coustellerie, & de toutes autres sortes de marchandises de cuiure, fer, fonte, a-
cier & toutes autres œuures de forge & fonte, mi-
rouers, images tableaux, tant en bosse qu'autremēt,
paintures, heures, psautier, Catechismes, & autres
liures de prieres, plumes, gaines, estuits, boites, es-
critoires, & generalement toutes autres sortes & especes de marchandises : Toutes lesquelles marchandises, denrees, estoffes, & autres especes cy dessus
specifiees, Nous auons declaré & declarons estre
comprises soubs le nom de Mercerie, & le droict de
les vendre & debiter, tant en gros qu'en destail,
trocquer, eschanger, appartenir ausdits Maistres &
gardes de la marchandise, & particuliers Merciers,
estans de leur corps.   X V.

Enioignons ausdits Maistres & Gardes, visiter
souuent en nostre-dicte ville faux-bourgs, baillage
du Palais, Preuosté & Vicomté de Paris, & autres
lieux ou se tiennent, les foires durant & hors le tēps
d'icelles, les aulnes, poids & mesures, ensemble les
marchandises sur tous Marchands, indifferamment,

tant dudit corps de Mercerie, Grosserie, & Iouaillerie, forains & estrangers qu'autres priuilegez & non priuilegiez, mesme sur ceux qui suiuent nostre Cour afin d'épescher qu'il ne soit acheté ou vendu a faux poids ou mesures, ny marchandises qui ne soient loyales, & des largeurs & longueurs qu'elles doiuent estre suiuant les anciens reglemens, à ce qu'aucun ny soit deceu & trompé, leur permettant pour cet effect & pour empescher qu'il ne soit entrepris sur leur estat & function, ny contreuenu à ces presentes, qu'ils se puisset faire assister d'vn de nos Commissaires ou Sergens du Chastelet, ou autre pour leur donner conseil, confort ayde & prison si besoin est, faire faire ouuerture, tant de iour que de nuict de tous magazins, chambres, boutiques, coffres comptouers, ormoires & autres lieux où ils sçauröt penseront, & pourront sçauoir & pëer y auoir marchandises latitees & cachées, les faire saisir, transporter en leur bureau, ou bailler en garde à personne capables & suffisans pour en respondre ou proceder par voye de scellé, le tout à telle fin que de raison, dont seront faits & dressez bons proces verbaux, & faict rapport à nostre Preuost de Paris, ou son Lieutenant Ciuil, ou Substitut de nostre Procureur general audit Chastelet, *sans que pour faire lesdictes visitations, ouuertures, saisies, & transport, ils soient tenus demander visa ou pareatis à nostre Bailly du Palais, ou son Lieutenät ny à atures Officiers ou Seigneurs, pretendans droict de haute Iustice en nostredicte ville, faux bourgs, Preuosté, & Vicomté de Paris.*

XVI.

Et pour ce que lesdits marchands Merciers, Grossiers & Iouaillers ne font aucuns ouurages ou manufactures sinon les parures, enrichissemens & enioliuemens de leurs marchandises que nous leur auons

ouuriers elles seront procedées, pour en cas de mal façon &
defectuosité desdits ouurages s'en addresser à eux comme tenus
& responsables qu'ils en seront, en quelques mains que seront
trouuez lesdits ouurages defectueux.

XX.

Deffendons aux forains & estrangers, & aux bourgeois qui ne sont receuz maistres dudit estat & qui n'ont lettres de mercerie, de vendre & distribuer aucunes de leurs marchandises en nostre ville & fauxbourgs, sinon és lieux & au temps ordinaires des foires de S. Denis, S. Germain & du Landit, & apres auoir esté visitees par lesdits Maistres & Gardes.

XXI.

Pourront aussi hors lesdites foires & en tout temps amener en nostredicte ville de Paris toutes sortes de marchandises, à la charge toutesfois qu'icelles arriuees, les voituriers tant par eauë que par terre, seront contraints les faire descendre aux Bureaux desdicts Maistres & Gardes, ausquels ou à l'vn d'iceux lesdits voituriers seront tenus de monstrer & exhiber leurs lettres de voitures, pour estre lesdictes marchandises par eux visitées, & celles qui pourrōt porter scel, scellees ou marques, & demeurer audit Bureau iusques audicts temps des foires. Et pour le regard des defectueuses & non loyalles, en estre fait rapport par lesdits maistres & Gardes à Iustice, pour estre procedé, à la confiscation d'icelles, ou autrement en estre ordonné ce que de raison.

XXII.

Qu'aduenant lesdites foires, lesdits forains, estrangers & bourgeois non receuz maistres, & qui n'ont lettres de mercerie, pouront huict iours deuant icelles faire retirer dudit Bureau leursdictes marchandises, qui par ladite visitation se seront trouues bon-

permis & permettons faire auec *cheuilles, espars, forces,*
ciseaux, bastons, esguilles & autres outils à ce necessaires.
Nous deffendons aux Maistres & Iurez des autres
estats & mestiers de nostredicte ville, faire aucunes
visitations sur les Marchands Merciers tenans boutique, bancs ou eschopes des marchandises ouura-
gees ou manufactures, qui seront en leursdites boutiques & maisons, ou en chemin pour y estre amenees & conduictes, encores qu'elles fussent de la pro-
fession, estat & mestier desdits Iurez, fors & reser-
ué seulement les marchãdises & drogues entransau
corps humain, qui serõt veuës & visitees assistans le
Doyen de la faculté de Medecine, qui pour lors sera
deux des Docteurs de ladite faculté, qui a ce serõt
commis par chacun an, deux Maistres Merciers &
Grossiers, & deux Maistres Iurez Appoticaires de
ceste ville.

XVII.

Ausquels Iurez des Arts & mestiers, nous auons
deffendu & deffendons de tenir chambre au Bureau
pour entreprendre la visitation, sans toutesfois des-
roger aux visitations qu'ils ont accoustumé faire aux
boutiques & chambres de ceux de leurs arts & mestiers, à peine de douze liures d'amende pour chacune fois qu'ils entreprendront ladite visitation.

XVIII.

Comme aussi nous auons deffendu & defendons ausdits ar-
tisans & gens de mestier, faire traffic & exposer en vente au-
cune marchandise qui n'ait esté faicte ou manufacturee par
eux, ou leurs seruiteurs domestiques, en ceste ville & faux-
bourgs de Paris à peine de confiscation, & d'amẽde arbitraire.

XIX.

Lesquelles Marchandises ainsi par eux & leursdits serui-
teurs domestiques faictes en leurs maisons, ils seront tenus mar-
quer de leurs marques, afin qu'on puisse cognoistre de quels

nes & loyalles, en payant aufdits Maiſtres & gardes
vn denier tournois pour chacune liure tournois, tãt
pour la viſitation que garde de ladite marchandiſe,
de laquelle leſdits Maiſtres & gardes ſeront reſpon-
ſables & contraincts à la reſtitution d'icelle,

XXIII.

Et ſera permis auſdits forains, eſtrangers & bourgeois non receuz maiſtres, & qui n'ont lettres de
mercerie dudit eſtat, de vendre & diſtribuer leurſ-
dictes marchandiſes, ainſi viſitées durant leſdites
foires, & huict iours apres icelles, en gros & non en
deſtail : auſſi les huict iours paſſez, ſeront tenus faire
r'emballer & empacqueter le ſurplus deſdites marchandiſes, & icelles rapporter audit Bureau pour
eſtre venduës aux autres foires ſuiuantes, ou bien
les renuoyer ou bon leur ſemblera, ſans aucunemẽt
en diſpoſer par eux ou autres de leur part en la dicte
ville & faux-bourgs hors foires és lieux d'icelles,
ſur peine de confiſcation & d'amende arbitraire.

XXIIII

Que ladite vente en gros qui ſe ſera pendãt & apres
les huict iours deſdites foires, ne ſe pourra faire par
leſdits forains & eſtrãgers ou autres non receuz maiſtres dudit eſtat, que ſous cordes en balles ou ballons
tonneaux, barrils, caiſſes, ſacs, gommes & douſains
& que les pieces, ſacs ou gommes ne ſoyent de la
contenue qui enſuit.

XXV.

C'eſt à ſçauoir les fuſtaines courtes, & fuſtaines
d'Allemagne de douze aulnes la piece, toilles taintes
d'Allemagne, de vnze aulnes & demie. Les bouccaſ-
ſins, fuſtaines doubles, fuſtaines raſes, fuſtaines
rayees, bordes doubles & ſangles, fuſtaines de guel-
dre, chacune piece de vingt-quatre aulnes : Serges

d'Arras de vingtrois & vingtquatre aulnes : Celles d'Angleterre & d'Irlande de vingtvn à vingtdeux aulnes , & de largeur anciennemēt accouſtumee. Les ſerges eſtroictes d'Orleans & Chartres de vingt aulnes de lōgueur, & demie aulne de largeur, & les doubles en emble, les reueſches qui ſe font en ce Royaume de pareille longueur & d'vne aulne de largeur. Les eſtamines larges qui ce font en Auuergne de ſoixante huict à ſoixante douze aulnes de long, du moins, & les eſtroites de quarante ſix aulnes de long. Celles à Blureau qui ce font à Reims , & aux pays d'enuiron, de vingt-vne aulne & celles à faire habits, les pieces ſimples de vnze aulnes , & les pieces & demie de ſeize aulnes & demie ; le tout meſure de Paris, & des laiz & largeurs anciennement accouſtumez , & qu'elles ne ſoyent entreſuiuans deuēment ſelon la monſtre, ſur peine d'eſtre leſdites pieces de marchandiſes eſſoreillees & de cent ſols pariſis d'amende. Les camelots d'Amiens ſimple fil, & fil retors , ceux de façon de l'Iſle, de demie aulne de largeur , & vnze aulne de longueur: La double piece de vingt-deux aulnes, les ſerges a deux fils à trois fils d'vne aulne de largeur , & de vingt-vne aulne de lōgueur Celles de Moüy & de Sedan, de pareille longueur, comme auſſi toutes ſortes de ſerges qui ſe fabriquẽ dans noſtrediĉte ville d'Amiens, de vingt-vne aulne & pareillement vne gomme deſquelles la moindre de ſix millions de toute d'vneſorte le ſac de ſonnettes de la quantité de douze douzaines & non moins, les raſoirs, ciſeaux, lancettes & autres œuures de forge, à la douzaine entiere & non autrement, à peine de vingt ſols pariſis d'amende pour chacune douzaine.

<h2 style="text-align:center">XXVI.</h2>

Deffendons à tous hoſtelliers de noſtredite ville & fauxbourgs, d'expoſer ny ſouffrir eſtre expoſé en vente aucunes marchandiſes pour eux , ou pour les marchands forains & eſtrangers à peine de confiſcation, & d'amende, & de s'en prendre à eux , leſquels hoſteliers ſeront tenus aduertir leſdits marchands forains & eſtrangers logeans en leurs maiſons , qu'ils n'y en peuuent vendre & qu'ils ſont tenus faire mener leurs marchandiſes au bureau deſdits, maiſtres & gardes , ſeiz rue Quinquempoix.

<h2 style="text-align:center">XXVII</h2>

Ne pourront leſdites gardes permettre à aucuns deſdits eſtrangers, faire en noſtrediĉte ville de Paris eſtat de couratier, ny receuoir en ceſte charge autres que ceux qu'ils co-

gnoiſtront gens de bien & ſuffiſans pour reſpondre des fau-
tes & larcins ſi aucuns ſont commis.

XXVIII.

Ne pourront auſſi les couratiers faire en leur nom, ny
pour autruy aucun eſtat de marchandiſe, ſi celuy pour lequel
ils vendront n'eſt bourgeois, & maiſtre dudit eſtat en noſtre
dicte ville de Paris, &•ce pour euiter aux abus & monopo-
les qu'ils pourroient faire & commettre auec les eſtrangers.

XXIX.

Et afin d'empeſcher les larcins & recelé des marchandiſes
deffenſes ſeront faictes, & les faiſons à toutes perſonnes,
d'achepter ou prendre en gage aucune ſorte ou eſpece de
marchandiſe d'aucuns ſeruiteurs, reuendereſſes, ou perſonnes incogneuës. Enioint à ceux à qui leſdites marchandiſes
ſeront portees de les retenir, & aduertir leſdits maiſtres &
gardes, ſur peine de reſtitution de ladite marchandiſe, & de
vingt liures pariſis d'amende, ſi leſdits ſeruiteurs ou autres
perſonnes n'apportent mandement ou certification du maiſtre à qui appartiendra ladite marchãdiſe, que les achepteurs
ou ceux qui prendront leſdits gages ſeront tenus de retenir
& garder pour deſcharge.

XXX.

Et d'autant que pour la neceſſité des affaires il eſt beſoin
faire aſſemblée d'aucuns dudit eſtat, ceux qui auront eſté appellez au nombre ſuſdit de ſoixante au moins, & defaudront
à ſe trouer au iour, lieu, & heure deſigné, ſeront condamnez
en vingt ſols pariſis d'amende, applicable aux pauures dudit
corps, ſinon qu'ils ſoient legitimement excuſez.

XXXI.

Que ce qui ſera accordé & ordonné auſdites aſſemblees,
par les anciens gardes de ladicte marchandiſe & autres, iuſ-
qu'au nombre de quarante ou cinquante des plus notables
ſera obſerué par les autres, à peine d'amende arbitraire.

XXXII.

Que de toutes les confiſcations, & amendes des contra-
uentions à ces preſentes, maluerſations & forfaictures, nous
aurons la moitié, & ledit corps & communauté l'autre, ſui-
uant les ſtatuts dudit eſtat, & qu'il s'eſt depuis obſerué, encores qu'il n'en fut aucune choſe prononcé, reſerué celles
qui par ces preſentes ſont aplicables aux pauures dudit cors
& communauté.　　　### XXXIII.

Et en cas de contrauention à ceſdites preſentes, & à leur

autres statuts , priuileges, ordonnances & reglements, lesdits maistres & gardes se pouruoyront pardeuant nostredict Preuost. Et s'il y a opposition ou appellation verbale, ou sur proces par escrit , se pouruoyront en la grand' Chambre de nostredit Parlement.   XXXIIII.

Tous lesquels articles, reglements & ordonnances cy dessus, nous voulons auoir lieu, & estre executees, pour en iouir par lesdits Maistres & gardes , & corps desdits marchands Merciers , Grossiers, & Iouailliers, presens & aduenir , ainsi qu'il est contenu cydessus , & comme ils en ont tousiours bien & deuement iouy & vsé, iouyssent , & vsent encores à present.

SI DONNONS en mandement par ces presentes à nos amez & feaux Conseillers, les gens tenans nostredicte Cour de Parlement à Paris, Preuost dudit lieu, & à tous nos autres Iusticiers & Officiers presens & aduenir, à chacun d'eux , si comme appartiendra que nos presentes lettres ils facent lire, publier , enregistrer , garder & obseruer & du contenu en icelles , iouyr lesdits Maistres & gardes & Marchands Merciers, Grossiers & Iouaillers, & leurs successeurs sans qu'il y soit contreuenu ny innoué aucune chose, nonobstant lesdictes sentences , iugemens & arrests qui pourroient auoir esté donnez au contraire. Car tel est nostre plaisir & pource que de ces presentes l'on pourra auoir affaire en diuers lieux. Nous voulons qu'au vidimus d'icelles deuement collationnez par l'vn de nos amez & feaux Conseillers & Secretaire , foy soit adioustée comme au present original : Et afin que ce soit chose ferme & stable à tousiours Nous auons faict mettre nostre seel. Donné à Paris au mois de Ianuier, l'an de grace mil six cens treize, & de nostre regne le troisiesme.   Signé ,   LOVYS.

Par le Roy , la Royne Regente sa mere presente.
        Et à costé   VISA,   DE LOMENIE.
        Et plus bas est escrit.

Registré , ouy le Procureur general du Roy, pour iouyr par les impetrans de l'effect du contenu en icelles. A Paris, en Parlement le septiesme iour de Mars mil six cens treize.
        Signé ,   DV TILLET.